习惯觉醒
时间力

〔日〕花丸学习会 著

张晓雪 译

海天出版社
HAITIAN PUBLISHING HOUSE

· 深圳 ·

版权登记号 图字 19-2020-064 号

12 SAI MADE NI MINITSUKE TAI JIKAN NO TSUKAIKATA
Copyright© 2018 Hanamarugakusyukai
Chinese translation rights in simplified characters arranged with JMA MANAGEMENT CENTER INC.
through Japan UNI Agency, Inc., Tokyo

图书在版编目（CIP）数据

时间力 / 日本花丸学习会著；张晓雪译. — 深圳：海天出版社，2021.9

（习惯觉醒）

ISBN 978-7-5507-2939-1

Ⅰ．①时… Ⅱ．①日… ②张… Ⅲ．①时间—管理—少儿读物 Ⅳ．① C935-49

中国版本图书馆 CIP 数据核字（2020）第 108717 号

时间力
SHIJIAN LI

出 品 人	聂雄前
责任编辑	邱玉鑫
责任技编	陈洁霞
责任校对	万妮霞
项目统筹	米 克
封面设计	朱玲颖

出版发行	海天出版社
地　　址	深圳市彩田南路海天综合大厦（518033）
网　　址	www.htph.com.cn
订购电话	0755-83460239（邮购、团购）
设计制作	米克凯伦（深圳）文化传媒有限公司
印　　刷	中华商务联合印刷（广东）有限公司
开　　本	787mm×1092mm　1/32
印　　张	4.5
字　　数	99 千
版　　次	2021 年 9 月第 1 版
印　　次	2021 年 9 月第 1 次印刷
定　　价	39.80 元

版权所有，侵权必究。
凡有印装质量问题，请与本社联系。

本书使用说明

正文 解说关于"使用时间的方法"的10个秘密。

图解 采用插图对"正文"的内容以及"使用时间的方法"简单明了地进行解说。

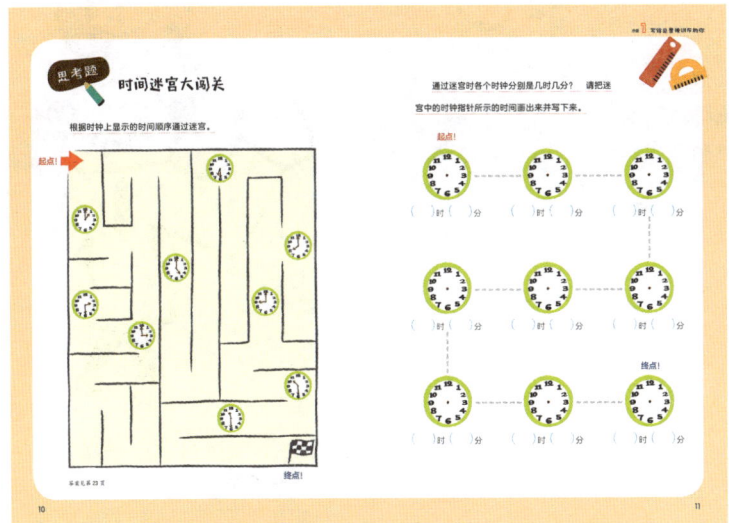

思考题 在每个章节结束时会有关于"正确使用时间的方法"的谜题、迷宫游戏。在解题过程中帮你轻松学会制订时间表以及正确使用时间的方法。

登场人物介绍

熊猫
开朗、散漫的男孩子。想做的事情很多,但是不知道该做什么。

小兔
小大人,努力认真的女孩子,报了很多特长班,最近感觉有点儿累。

时钟老师
写这本书的人。耐心地教给大家使用时间的方法。

前言

"快点儿!"

"作业已经写完了吗?"

"明天上学要用的东西准备好了吗?"

"你看看现在都几点了!"

正在读这本书的你,是不是觉得这些话听着特别耳熟?

这本书并不是要教你"成为一个办事利落的小大人"。

因为我觉得"正确利用时间"并不代表"做什么事情都很快"。花时间在"对自己来说重要的事情"以及"自己想要做好的事情"上,是一种正确利用时间的方法,对于你未来的成长也很重要。

另外，如果好好利用时间的目的是"不被家里人和老师骂"，我觉得也是不对的。最重要的是"考虑别人的心情，体谅别人的心情"。所以我在考虑你们小孩子和家人，以及其他成年人的想法后写了这本书。

你们总有一天也会长大，会变成训斥小孩子的成年人。到那时候，我希望你们不单单只是教训小孩子，而是能回想起此刻的心情。

读完这本书，相信你会明白，"时间不是无限供应的"。希望你能学会时而大胆、时而小心地正确利用时间的方法。

目录

序幕	1
步骤 1 写给总是被训斥的你	3
步骤 2 为什么不能迟到	13
步骤 3 "好的专注"与"坏的专注"	25
步骤 4 "学会正确利用时间"的好处	35
步骤 5 向身边的大人学习吧	45
步骤 6 怎样在短时间内完成麻烦的"事前准备"	57

步骤 7	写给不知不觉做其他事情的你 ……………… 67
步骤 8	怎样才能拥有"自己的时间" ……………… 77
步骤 9	真的不可以慢悠悠吗 …………………… 87
步骤 10	看上去没用却很有意义的时间 …………… 99

结语 ……………………………………………… 108

后记 ……………………………………………… 110

附录 给家长的话 ………………………………… 113

序幕

步骤 1

写给总是被训斥的你

我平时在补习班教课,因此有机会听到家长诉说的烦恼。

其实家长的烦恼都很像。排在第一位的就是"孩子不会正确利用时间"。

"我家的孩子从来不会在意时间,总是慢吞吞的。"

"我也不想啰唆,但是不说的话他就不动。"

"孩子总是拖延,拖到最后一刻才哭着开始做。"

你能想象到爸爸妈妈说这些话的时候的表情吧?

家长的烦恼

别总是拖拖拉拉的。妈妈总是为了这些事情生气。你就那么不喜欢写作业吗?

我家孩子只会写最低限度的作业。作业那么少,不懂的那么多,真的没问题吗?

孩子的烦恼

作业不多的时候,妈妈总是把练习册拿过来,说"还有这个没写,练练汉字吧",根本没法休息。

在家里总是被命令做这做那。"作业写完了吗?""快去洗澡。""把明天上学要用的东西准备好。"

"做好"之前需要练习

大人总说:"你怎么连这么简单的事情也做不好呢?"

但是想想很不可思议。因为他们要求还是个小孩的你和大人一样使用时间。而且,他们不是认为你"总有一天会做到",而是"现在就应该做到"。

这就像是擅长玩单杠的你对着还不会走路的2岁小孩子说:"连后翻都不会吗?"

他肯定做不到呀。因为要学会后翻必须要先学会抓住单杠,向上牵引……这要分很多步骤。

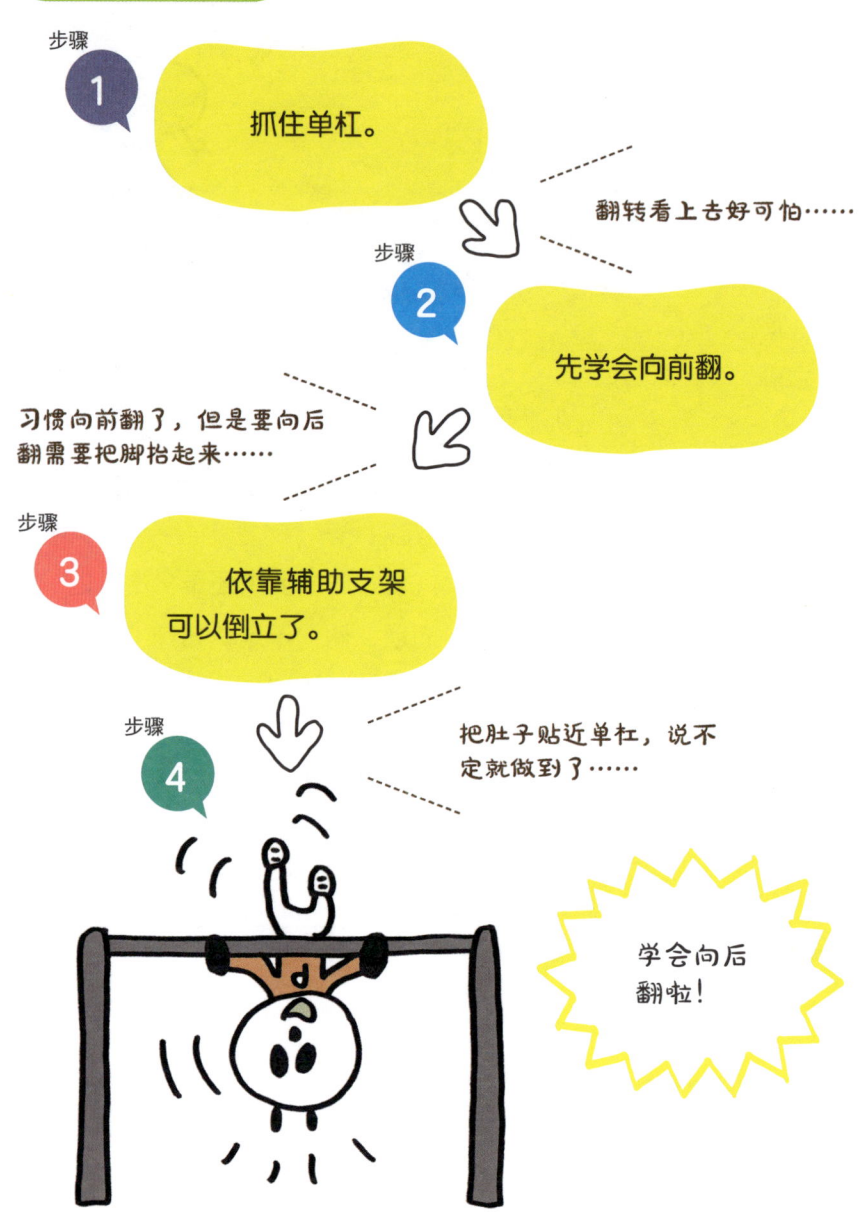

利用时间就像做单杠的向后翻,要经过好几个步骤才能做好。有时候,在失败中学习也同样重要。爸爸妈妈也是经过种种失败才"学会正确利用时间"的。

最开始要有"想要学会"的心情。你翻开这本书的时候,一定是想要好好学习利用时间的方法吧?一定是有什么契机让你想要好好学习利用时间的方法,也许是身边有厉害的人,也许是有你想要做的事情需要好好做计划。能这样想的你真的很了不起。

那么,让我们一起来学习怎样好好利用时间吧!

时间迷宫大闯关

根据时钟上显示的时间顺序通过迷宫。

起点!

终点!

答案见第 23 页

通过迷宫时各个时钟分别是几时几分？请把迷宫中的时钟指针所示的时间画出来并写下来。

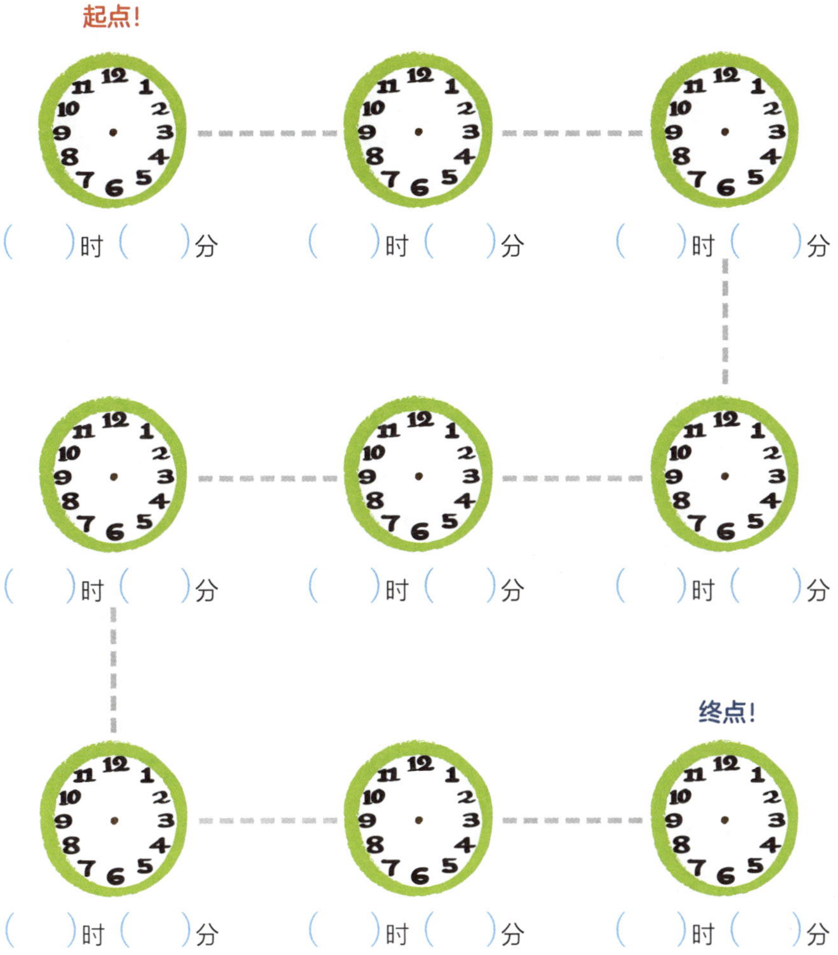

起点！

( )时( )分　　( )时( )分　　( )时( )分

( )时( )分　　( )时( )分　　( )时( )分

终点！

( )时( )分　　( )时( )分　　( )时( )分

步骤 **2**

为什么不能迟到

你是不是以为迟到10分钟没什么大不了?

步骤 2 为什么不能迟到

和朋友一起玩的时间，上兴趣班的时间，长大后和喜欢的人约会的时间……在这些关键时刻总是有些人会迟到。

对于约定好的时间，遵守时间的人和总是迟到的人心中对时间的看法是不同的。

遵守时间先到的人会生气，认为不遵守时间的人是以自我为中心不值得信赖的人。但是，迟到的人会认为"不就是十分钟吗？有什么大不了的。我也不是故意迟到的"。

为什么会有这样的差别呢？

你知道1天有多少分钟吗?

60分钟 X24小时 =1440分钟

也许你会觉得怎么这么长,但是这里要除去睡觉的8个小时,也就是480分钟。另外还有一些必须做的事情,比如吃饭、上厕所、上学的时间等。除去这些必要的时间的话……

1天之中能够自由支配的时间其实很少。为了等待迟到的你,其他人浪费了这些重要的时间。

1天有多少分钟？

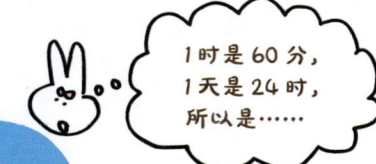

1时是60分,1天是24时,所以是……

60分钟/小时 ×24小时 =1440分钟

但是……

还有很多呢！

每天生活必需的时间：

睡觉：8小时 =**480分钟**

吃饭（早、中、晚）：30分钟/次 ×3次 =**90分钟**

刷牙（早、中、晚）：5分钟/次 ×3次 =**15分钟**

上厕所：5分钟/次 ×7次 =**35分钟**

早上起床后（洗脸、换衣服）：**20分钟**

洗澡、吹头发：**30分钟**

准备明天出门用的东西：**10分钟**

→ 480分钟 +90分钟 +15分钟 +35分钟 +20分钟 +30分钟 +10分钟 = **680分钟**

在学校学习的时间和上特长班的时间：

上学（上午8点30分~下午3点30分）：7时 =**420分钟**

上学路上：10分钟 ×2=**20分钟**

写作业：**60分钟**

上特长班：**60分钟**

上特长班的路上：10分钟 ×2=**20分钟**

→ 420分钟 +20分钟 +60分钟 +60分钟 +20分钟 = **580分钟**

也就是说，能够自由使用的时间……

1440分钟 －（680分钟 ＋ 580分钟）＝ **180分钟(只有3个小时)!!**

大家有没有想过一生究竟有多少时间?

　　人的一生究竟有多少分钟呢?现代人的平均寿命大约有 80 岁。假如人要活 80 年,那么能够自由使用的时间有多少呢?

　　我希望你们能够知道,作为小孩子,你们的时间还有很多。但是,你身边那些重要的人,他们或许没有那么多时间。疼爱你的爷爷奶奶剩余的时间,爸爸妈妈剩余的时间,究竟有多少呢?

　　知道剩余的时间已经不多,就会变得更想珍惜时间吧?希望你能意识到,时间的价值对于每个人来说,都是不一样的。

步骤 2 为什么不能迟到

还剩多少分钟？

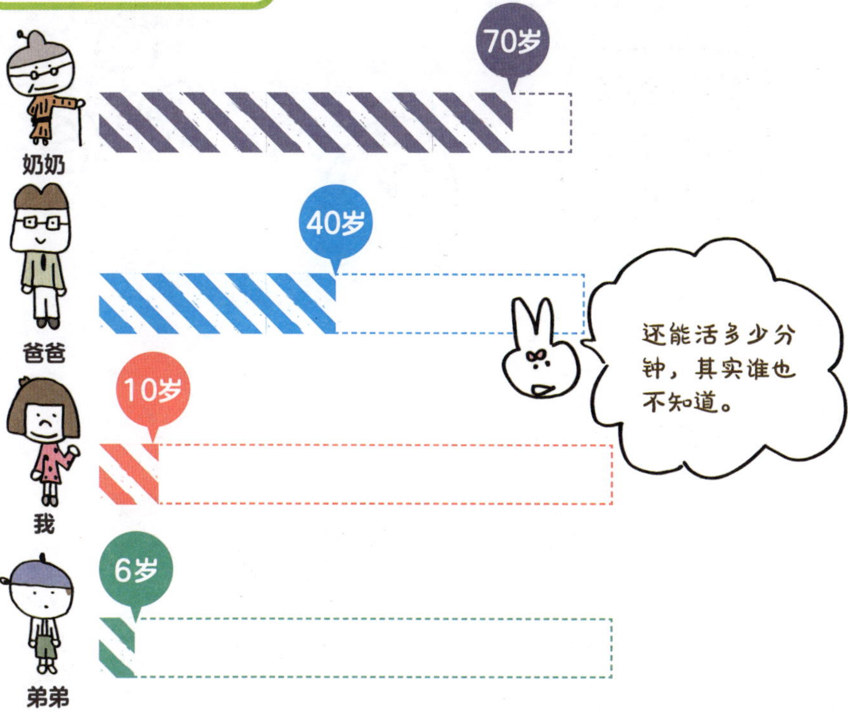

奶奶 —— 70岁
爸爸 —— 40岁
我 —— 10岁
弟弟 —— 6岁

还能活多少分钟，其实谁也不知道。

还能见面多少分钟？

住在远方的奶奶

马上要搬走的朋友

工作正忙的哥哥

为了遵守约定的时间

确认好路线

定好闹钟

准备好需要的东西

但是发现要迟到了……

立刻打电话。

朋友还没出门!

朋友已经出门了。

那么见面前还可以做点儿别的事情。

要遵守交通规则哟。

尽量快点赶过去。

对不起呀。

好好道歉,约定下次不会迟到。

言归正传。和别人一起行动时,一般都会约定好见面的时间吧。按照约定时间到达会怎么样呢?

首先,彼此的时间不会被浪费。按照约定的时间集合,就能够立刻行动起来,可自由支配的时间就能够被有效地利用。

是的,时间的重要性在于"有限"。能够遵守约定的时间的人都能懂得它的重要性。

要用多少分钟？

每天做不同的事情分别需要多少分钟？我们一起来想一想吧。

早晨

- 换衣服（　　　）分钟
- 吃早饭（　　　）分钟
- 刷牙（　　　）分钟
- 去学校前的准备（　　　）分钟

下午

- 玩耍（　　　）分钟
- 写学校作业（　　　）分钟
- 学习其他内容（　　　）分钟
- 上特长班（　　　）分钟

晚上

- 吃晚饭（　　　）分钟
- 洗澡（　　　）分钟
- 刷牙（　　　）分钟
- 睡前准备（　　　）分钟

步骤 2 为什么不能迟到

给自己利用时间的方法打分，看看能得多少分。想一想理由。

结果！

分 / **100**

为什么？

例 早上时间不够用，老是被妈妈骂。

怎样改进？

例 早上醒来不要磨蹭，立刻换衣服。

从今天起怎么做？

例 计算换衣服要用多少秒。

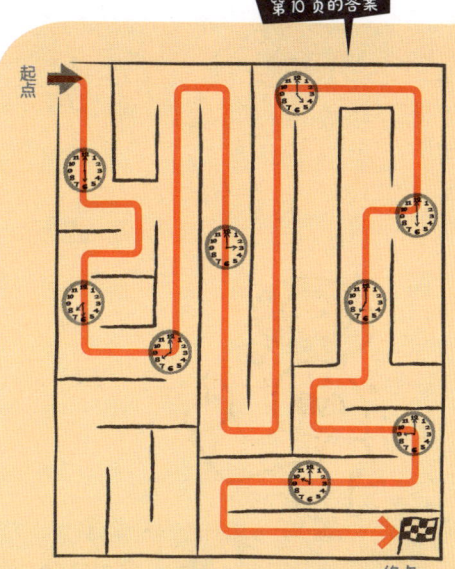

第10页的答案

起点

终点

步骤 **3**

"好的专注"
与"坏的专注"

这算是"好的专注"吗?

人在做喜欢的事情时，注意力会高度集中。你一定有过"不知不觉已经这个点儿啦！"的经历吧？即便是困难的练习，对你来说应该也是很开心、很幸福的时光吧。这种状态就叫作专注。

这里举个例子，你们的妈妈常常会有这样的烦恼。

"我们家孩子，玩游戏、看电视的时候叫他他都听不见，这种注意力要是放到学习上该多好呀。"

你怎么看呢？看电视、玩游戏时的专注能用到学习上吗？

很抱歉,这样的"专注"是没法用到学习上的。不管是电视节目还是游戏,都能给你带来感官上愉悦的刺激,让你不知不觉就专注起来。但是这属于"不好的专注",只是单方面接受刺激。

那么,什么是"好的专注"呢?比如做手工、看书、观察昆虫或植物、下围棋或象棋、在户外玩耍等。有的人喜欢做这些事情,有的人却不觉得这些事情有意思。这些事情本身不会带给你什么愉悦的刺激,是你自己感觉有意思,所以你的大脑才主动集中注意力。

步骤 3 "好的专注"与"坏的专注"

"不好的专注"是什么样的？

电视　　　强烈的光和声音等
　　　　　刺激性的内容　　　游戏

好玩，好想一直玩下去。

这些是付出努力之后的娱乐，或者疲惫时的放松，只要不玩太久就没有问题。

29

"好的专注"是什么样的？

学习好的孩子都有一个共同的特点：遇到不会的问题，他们都会想要自己去解决。记住公式和汉字当然很重要，但是遇到没见过的题、难解的题，运用以往学过的知识想办法去解决同样很重要。

这与"好的专注"是同样的道理。

一直单方面接受强烈的刺激，就会养成"不好的专注"的坏习惯，对于听老师的话或者解题这种刺激性小的事情就会变得没办法集中注意力。希望你能够找到让你形成"好的专注"的爱好。

走迷宫，找必要物品 1

分别在①~③三种情况下走迷宫，找到相关的物品，并且以最短的路线到达终点。分别是怎样的路线呢？

①只吃点心　②只玩耍　③只学习

终点！

起点！

答案见第43页

步骤 3 "好的专注"与"坏的专注"

这样想一想

① 吃点心的时候需要什么？请画出来。

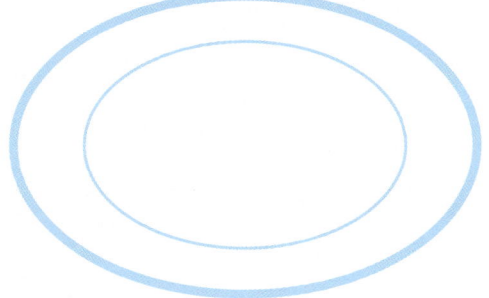

② 玩耍的时候需要什么？请画出来。

③ 学习的时候需要什么？请画出来。

步骤 **4**

"学会正确利用时间"的好处

我的一天
6:00 起床
7:00 吃早饭
8:00～15:00 上学
16:00 做作业
17:00 游戏
18:00 吃晚饭
20:00 洗澡
21:00 睡觉

我的一天,这样最完美!

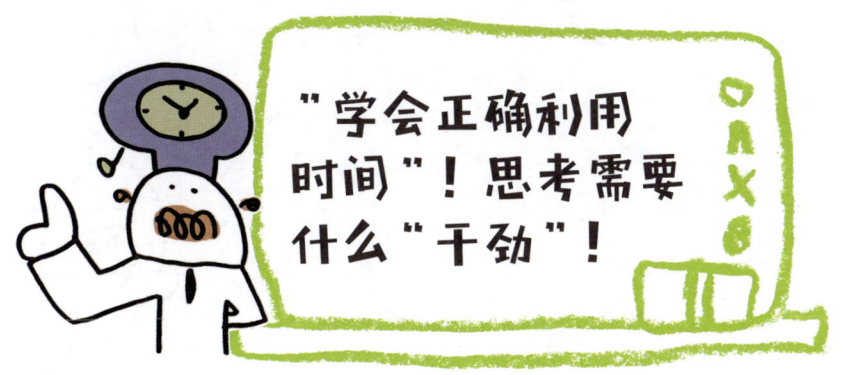

读到这一页时,你想必已经知道时间是有限的了吧?正因为时间是有限的,所以有意义地使用时间的人生才会变得多姿多彩。

会正确使用时间的人有如下三个共同特点:

①"什么时候做完什么事情。"在最开始的时候就会列出计划。

②知道为了达到目的"现在要做什么"。

③对现在要做的事情能够集中注意力做下去。

其中第三点是很重要的。决定好要做的事情就去做,听上去好像理所当然,但是集中注意力并没有那么容易。那么应该怎么办呢?

要点1：
愉悦地利用时间

知道正确利用时间的好处后，你是不是觉得自己能够努力做到管理好时间了呢？

做完该做的事情，然后再做想做的事情。这样就不会因为该做的事情还没做完而感到不安。提心吊胆地做自己喜欢的事情，能真正开心吗？会脑袋里乱糟糟，心情很沉重，不是吗？

这种情况下是不会真正体会到快乐的，本来应该自由的时间却因为没做完某件事而变得不自由，会感觉很遗憾吧。

试一试把该做的事情全部做完，然后尽情享受自由的时间。这种时候你就能体会到那种愉悦感啦！

家里人和你都会心情愉快！

要点 2：得到他人的信赖

正确利用时间还有一点好处，就是能够得到大家的信赖。

你自己可能没有意识到，但是养成先做该做的事情的习惯后，爸爸妈妈的唠叨会变少。

"快点儿做完""这个做了吗"之类的唠叨会变少。他们看到你玩的时候就知道你已经做完该做的事情了。不再唠叨是对你信赖的表现。

这样双方都能保持愉悦的心情。你和你的家人都能度过愉悦的时光。你不觉得这样很棒吗？

玩耍时间、学习时间大搜索！

①制订好时间表，找出可以玩耍的时间。

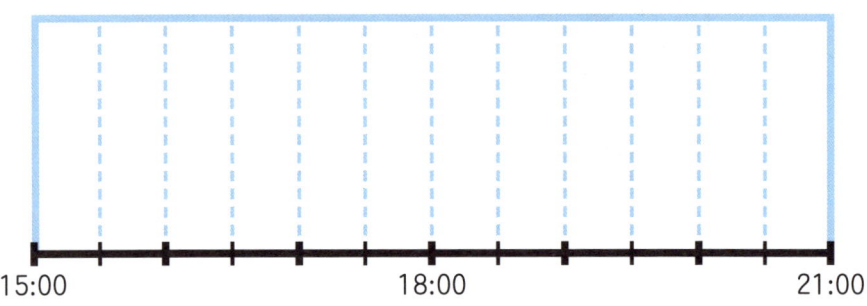

15:00　　　　18:00　　　　21:00

【制订好的时间表】

· 15:30 ~ 16:00 写作业。

· 18:00 ~ 19:00 吃饭。

· 20:00 ~ 20:30 洗澡。

· 20:30 ~ 21:00 准备睡觉。

回答

玩耍时间是（　：　）~（　：　）和

（　：　）~（　：　）

答案见第55页

步骤 4 "学会正确利用时间"的好处

②制订好时间表，找出可以<u>连续学习 60 分钟</u>的时间。

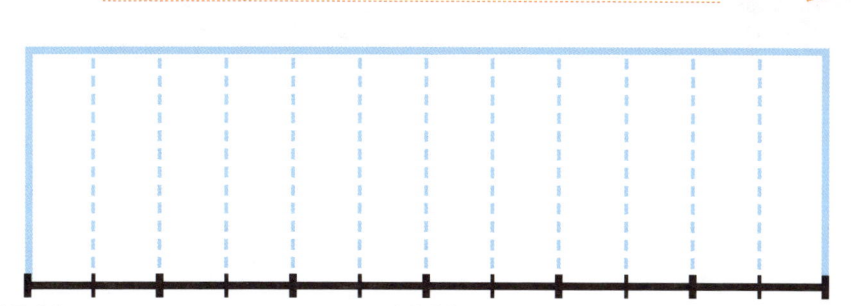

15:00　　　　　18:00　　　　　21:00

【制订好的时间表】

· 15:30 ~ 17:00 和朋友一起玩。

· 18:00 ~ 19:30 吃饭，看电视。

· 20:00 ~ 20:30 洗澡。

回答

学习时间是

（　：　）~（　：　）

第 32 页的答案

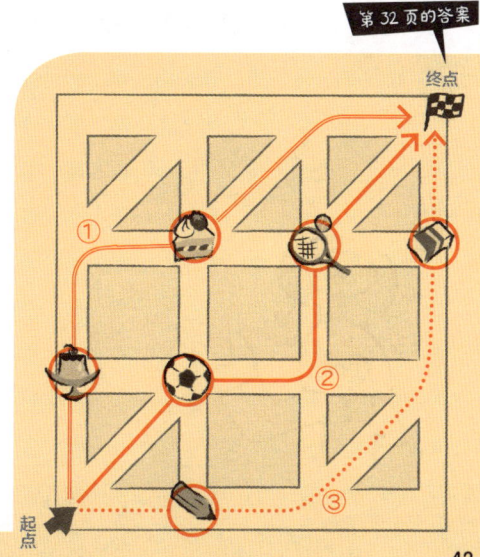

43

步骤 5

向身边的
大人学习吧

为什么大人就什么
事情都能做好呢?

爸爸、妈妈、学校的老师和周围的人,为什么大家看上去都能好好利用时间呢?大人看上去都能够轻松完成很多事情。被大人教训"为什么不快点儿做完"的时候,你是不是会想"我又不像妈妈那样会管理好时间""我也努力去做了,干吗那么生气呀"。

其实大人们也不是天生就会管理好时间的,他们也和你一样曾经是小孩子。

大人们有很多不得不做的事情,他们努力地训练自己管理时间的能力。

> 早上的准备可以
> 给你提示

比如，负责准备家人早餐的人（大多数家庭应该都是妈妈负责吧）需要根据大家上班和上学的时间来准备早餐。有的时候还需要做好便当。这需要前一天晚上就洗好米，放入电饭锅，按下预约键。还要看冰箱里有什么菜，考虑好明天的菜。材料用完了还要考虑需要买什么。

另外还要考虑家务。什么垃圾是星期几的几点回收？大家吃完早餐要洗餐具，洗餐具需要花几分钟？如果需要把洗好的衣服晾好再去上班的话，那么吃早餐前就要把衣服放进洗衣机里。

大家的早晨

熊猫家的早晨

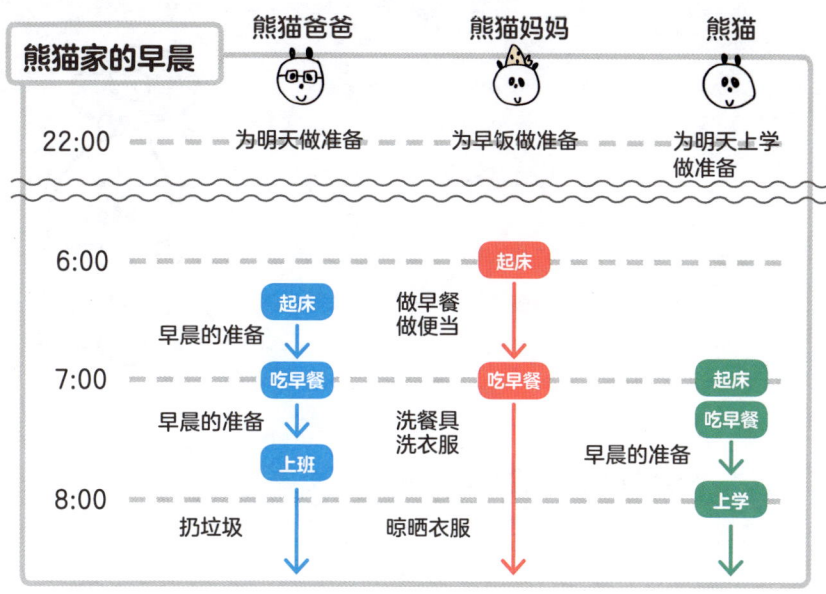

小兔家的早晨

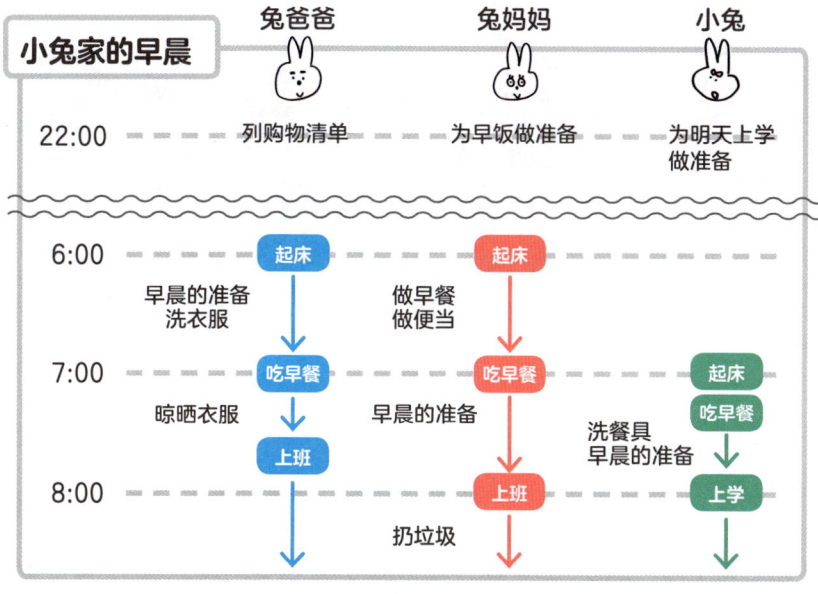

工作对时间的要求很严格

在公司上班，会利用时间是很重要的。会议迟到或者出现延误，即使说"我已经很努力了"也是不会得到谅解的。如果被认定为"没办法信任的人"，就没法继续被委以重任了。

为了避免出现这种情况，不能只顾眼前的事情，还要好好思考，从截止日期逆推，计算好什么时间做什么事情才能完成工作，确定好做事情的顺序。很多人会在上班途中打开手账（现在用智能手机的人越来越多了）来确认当天要做的事情。

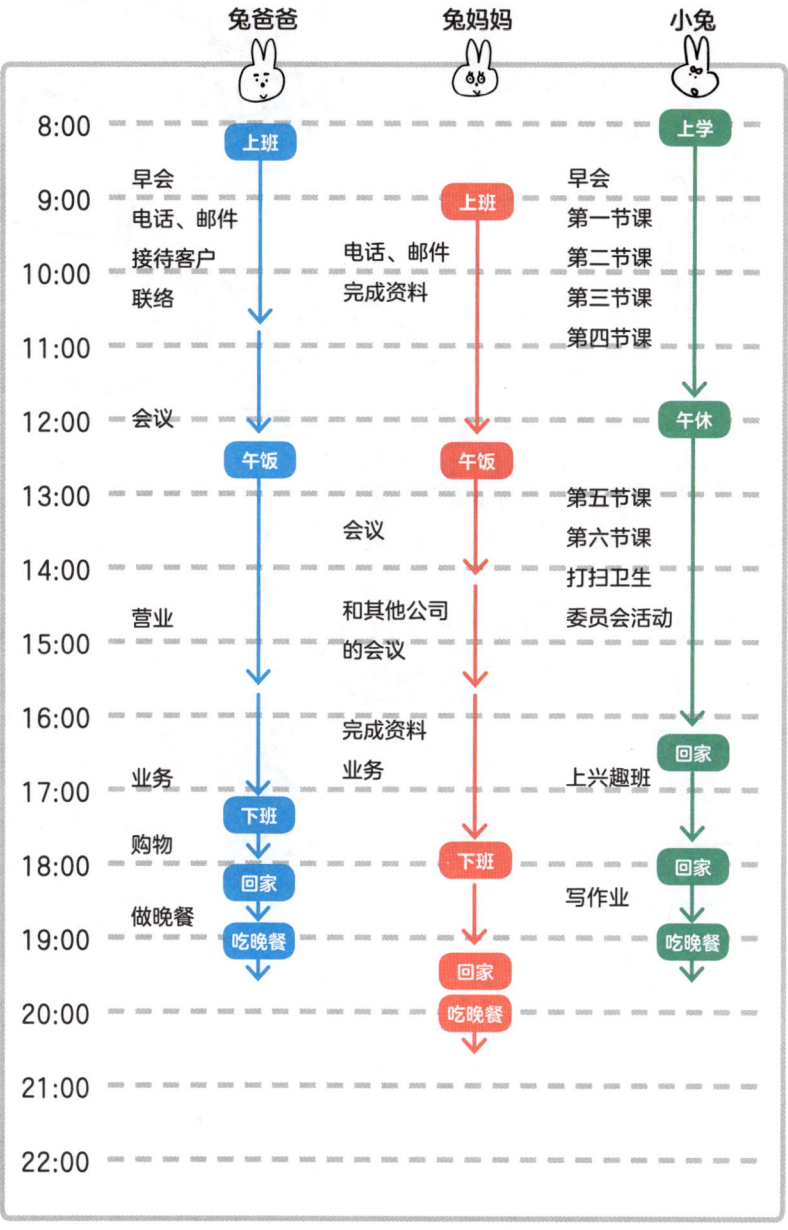

不论是家务还是工作，都要提前想好接下来要做什么，为下一步做准备。养成"提前想好"的习惯，是能好好利用时间的第一步。

那么从你自身的情况考虑，上学前需要做好什么准备呢？

明天需要交的作业有哪些？时间表和教科书准备好了吗？美术课上要用哪些东西？图书馆借的书需要什么时候还？考虑到细节，你会发现有很多事情需要提前做好准备。

先从"明天上学的准备工作"这件事开始做起，并使它变成一种习惯吧！

制订自己一天的计划

制订早上、下午、晚上的计划。

早晨

6:00 --

7:00 --

8:00 --

下午

15:00 --

16:00 --

17:00 --

18:00 --

步骤 5 向身边的大人学习吧

这样想一想

每天要做的事情有哪些？ →每天都放到同一个时间去完成。

必须要做的事情有哪些？ →尽量快点儿做完。

有没有忘记做的事情？ →睡觉前回顾这一天做过的事情。

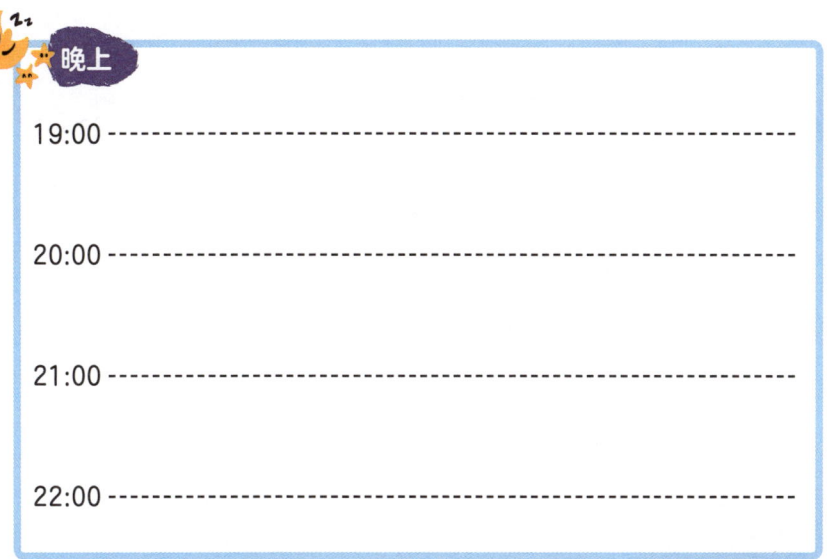

晚上

19:00 --------

20:00 --------

21:00 --------

22:00 --------

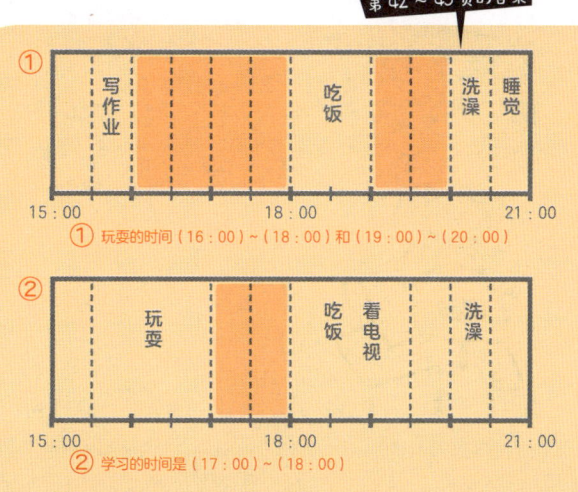

第 42～43 页的答案

① 玩耍的时间（16:00）～（18:00）和（19:00）～（20:00）

② 学习的时间是（17:00）～（18:00）

步骤 **6**

怎样在短时间内完成麻烦的"事前准备"

"事前准备"的必要性！

从步骤5更进一步考虑，花时间做准备是为了什么？为了不会因为忘带东西被老师训？为了长大成人后不被上司训？

如果上学忘了带铅笔，你要利用休息时间向朋友借来做作业，这些事情都是在浪费时间。另外，如果在料理课上，你忘了带负责带的胡萝卜，那么全班同学就会因为你的原因没法好好上课。"确保不会因为忘记带东西而浪费自己和他人的时间，不造成困扰"，这就是需要"事前准备"的原因。

成年人的工作更加严格，那是因为他们要和比学校里多得多的人一起工作。

让事前准备变得简单的技巧

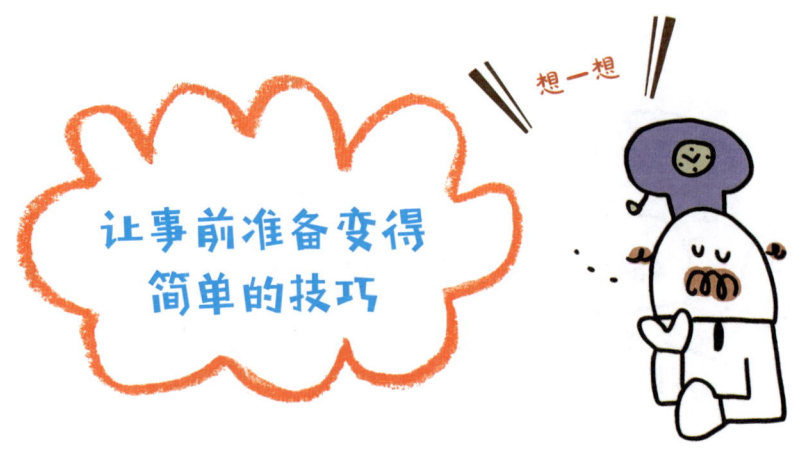

话虽如此，事前准备确实很麻烦。有没有让事前准备变得简单的技巧呢？

为游泳课做准备的话，是要把上课用的东西放进书包。需要做的事情是把毛巾、泳衣、泳帽、泳镜准备好。

"这种事情 5 分钟就能做好。"如果你这么想，所以到了出发前才做准备的话，会发现"泳衣忘了洗"……怎么办呢？到时候再洗的话就来不及啦。

游泳课结束回家后，立刻把泳衣和毛巾放到洗衣机里洗好，然后晾干，这样下次用的时候就能立刻放到书包里了。这样的话，5 分钟就能准备好了。

提前想好接下来要做的事情，提前处理，是让事前准备变得简单的技巧。

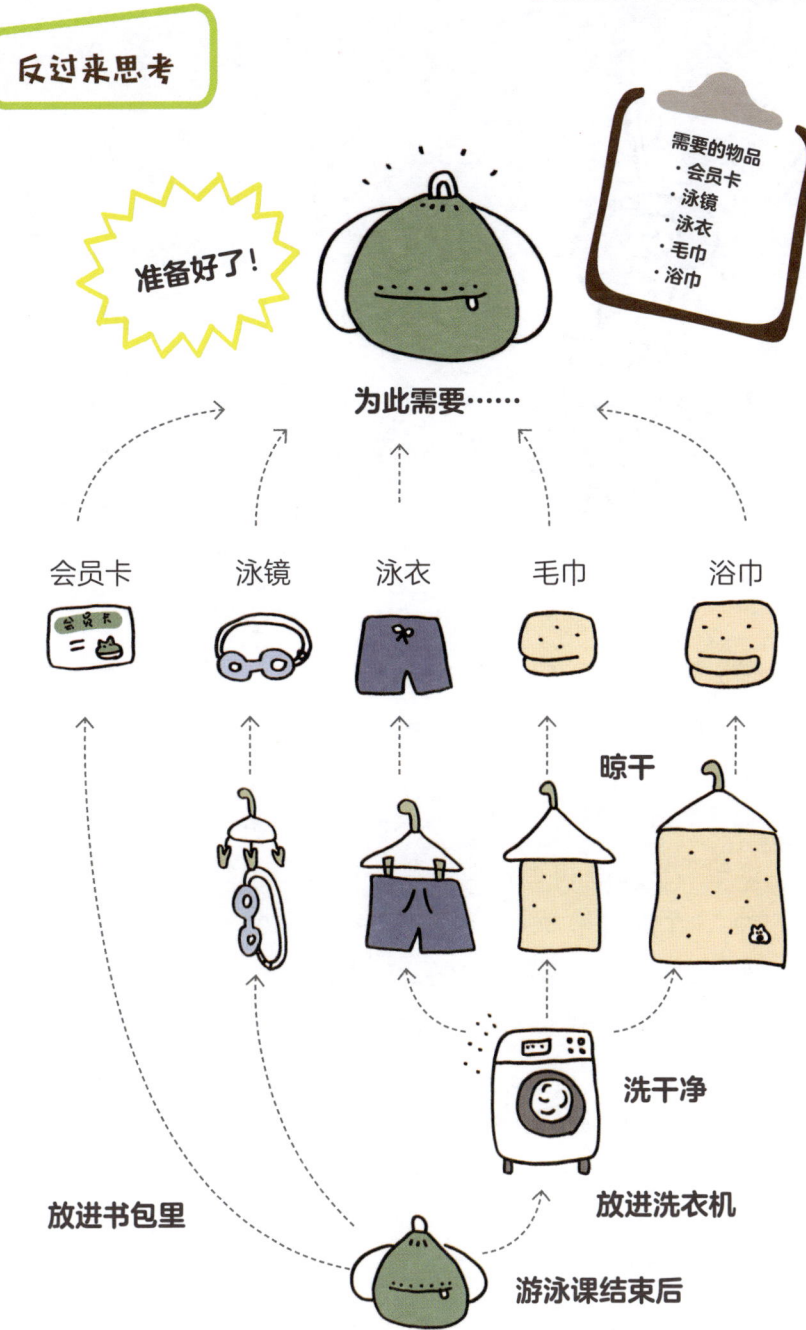

把"找东西"这个浪费时间的过程去掉

"泳衣不洗就扔在一边,这怎么可能呢?"你是不是觉得很可笑?但是"找不到语文课本""妈妈,毛巾放到哪里去啦",类似这样的情景,你肯定经历过。

有调查显示,每个人每天平均有10分钟在找东西。你是不是觉得10分钟没什么大不了的。但是每天10分钟,1个月就是300分钟,1年就是3600分钟,1年中有相当于60个小时(两天半)都花在找东西上。用这些时间可以做很多事情。

能利用好时间的人一定是会整理物品的人。

步骤 **6** 怎样在短时间内完成麻烦的"事前准备"

1年中用来找东西的时间有多长?

1天　10分钟

1个月　10分钟/天 × 30天 = 300分钟

1年　300分钟/月 × 12个月 = 3600分钟

根据步骤2第17页的计算方法。

3600分钟 = 60小时 = 2天12小时（两天半）

把找东西的时间缩短

把东西放在固定的地方。

好累呀,但是在休息前先整理好自己的东西。

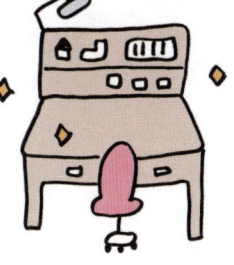

作业写完之后,桌面上不留东西。

走迷宫，找必要物品 2

分别在①~③三种情况下走迷宫，找到相关的物品，并且以最短的路线到达终点。那么分别是怎样的路线呢？

①只吃点心　②只玩耍　③只学习

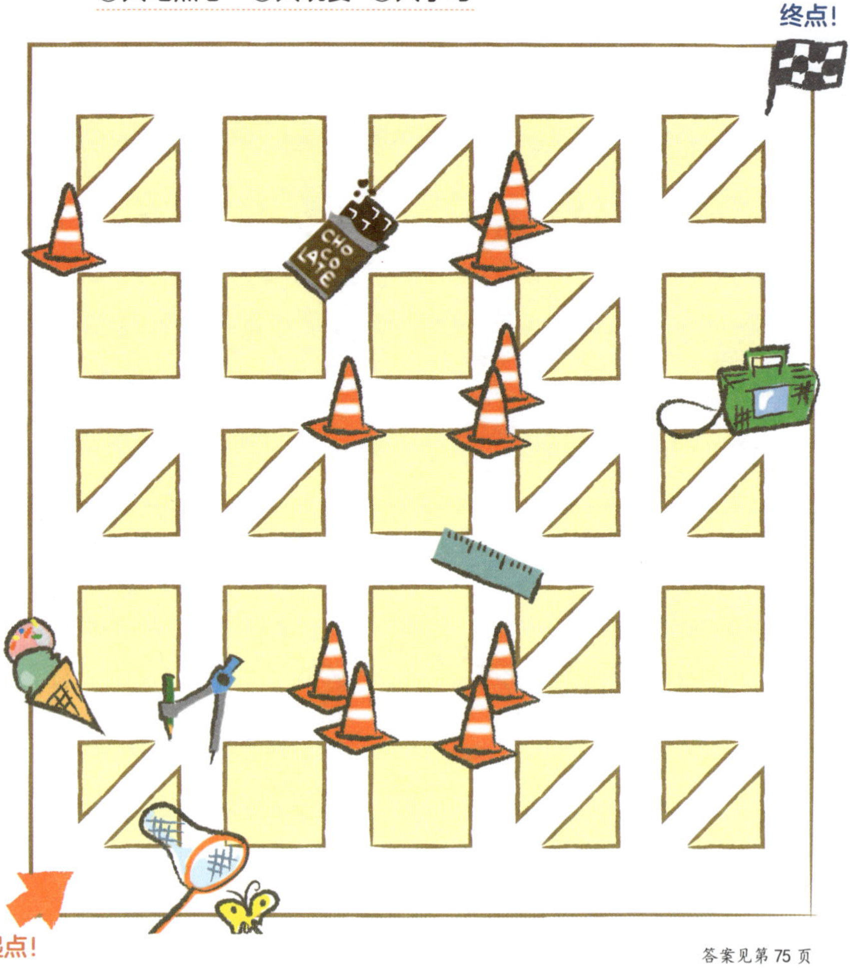

终点！

起点！

答案见第 75 页

在下图画出不同情况下所需的两种物品，自己制作一个迷宫。

④学习时　⑤ ☐ 时

想一想

首先想一想，学习时需要什么物品，在下面的迷宫里画出这两个物品。

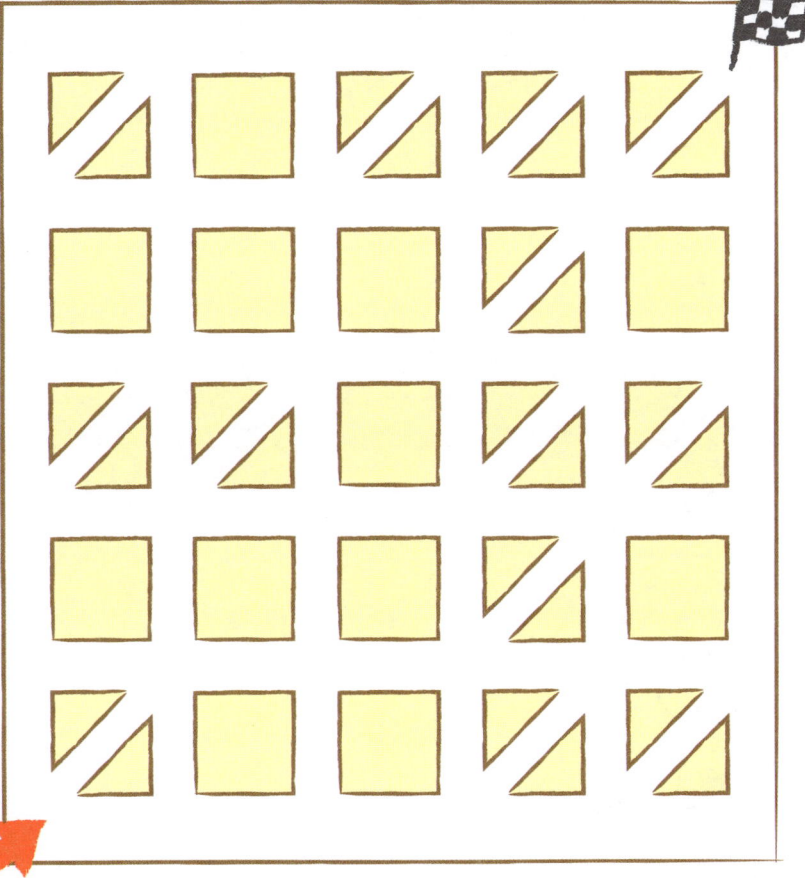

终点！

起点！

65

步骤
7

写给不知不觉做其他事情的你

啊,这本书原来放在这里呀。

"好的,来为明天做准备吧!"有时候下定了决心,却又不知不觉就开始做别的事情了。我没说错吧?

"啊,我一直找的书原来在这里!"……想着就看一会儿,结果不知不觉20分钟就过去了。心里想着"不行,要为明天做准备,一定要做准备……哎?这是什么……"不知不觉中,本来用5分钟就能完成的事情,结果花了30分钟,甚至1个小时才能做完。这样浪费时间的人实在太多了。

不只是小孩子,说起来惭愧,我自己也会这样。我们身边有趣的诱惑太多了。虽然说"不要输给诱惑,要意志坚定",但是如果能轻易做到就不用吃苦头了。

没法拿出干劲的原因!

爱拖延的人总是想"做这件事情太麻烦了",不到万不得已的时候就提不起劲,然而却为了"打起精神"做了很多准备。最后到了临睡前都没能开始做该做的事情,搞得慌慌张张的。你有没有这种经历?

这件事情做起来很麻烦,先看会儿电视,玩 30 分钟游戏,然后再开始做,或者"干完这件事再开始""为打起精神做做准备"。但是其实你只是在做喜欢做的事情,"应该做的事情"却没有丝毫进展。

必须要做作业

为明天做准备

作业好像挺难的……

数学习题
好像很难……

精力充沛的时候
都觉得很难，现在这
么累能做好吗？

感觉累得没法为
明天做准备了……

不打起精神
就没法做好……

不做的话会被骂的……

不想了，先看看漫画吧！

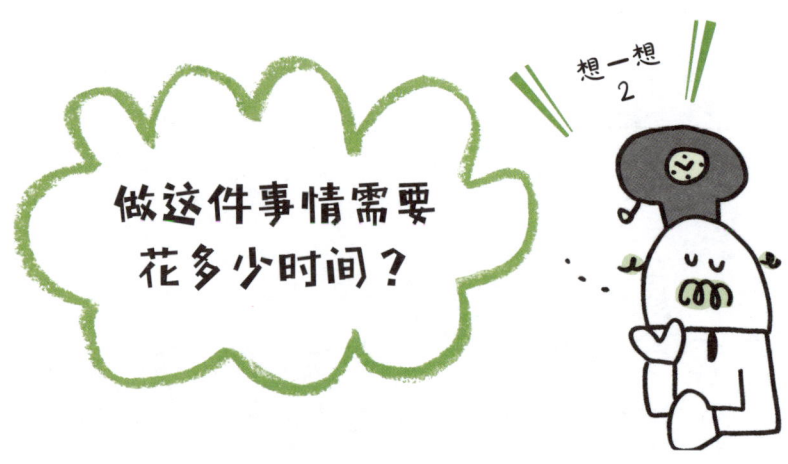

"其实今天要做的事情不需要花太多时间,也没那么麻烦。"如果事先知道的话,应该会更有动力去做吧。把该做的事情先做完,然后再去玩。如果养成这样的习惯,做该做的事情的时间和玩耍的时间都会变得很充裕。

现在来计算做该做的事情需要花多少时间吧。为明天做准备需要 5 分钟,完成今天的作业需要花 30 分钟。如步骤 6 里所说的做好"事前准备",不需要花时间找东西,就很容易打起精神了。

把构成诱惑的游戏、漫画书放到离桌子很远的地方,这样做也很有效。和家人一起,在客厅做该做的事情,也很不错。

选择最佳时间！

用多长时间做什么事情，才能完成下面的等式？请从下页中选取合适的项，填到 ◯ 中。

☐ + ☐ = 10 分钟

☐ + ☐ + ☐ = 30 分钟

☐ + ☐ + ☐ + ☐ =

步骤 7 写给不知不觉做其他事情的你

| 做作业 | 看电视 | 浇花 |
| 15 分钟 | 12 分钟 | 6 分钟 |

| 打扫浴室 | 练字 | 确认时间表 |
| 10 分钟 | 14 分钟 | 2 分钟 |

| 吃饭 | 写日记 | 看书 |
| 20 分钟 | 8 分钟 | 13 分钟 |

= 60 分钟

答案见第 85 页

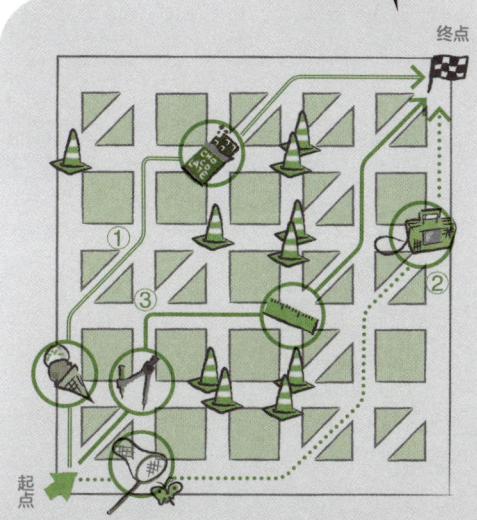

第 64 页的答案

步骤 8

怎样才能拥有 "自己的时间"

把该做的事情都做完了,想着"太好啦!接下来的时间可以做想做的事情了"的时候……

"有时间把这个练习册也做完!"

"还有别的事情该做吧?"

你是不是也被这样打击过?

你是不是会这样想:"这样下去根本不可能有自己的时间!"确实如此。

即使是小学生,有时也会同时上很多兴趣班。此外还要写作业,做练习。你们这些孩子也很难拥有自己的时间。

为什么家里人会总是要求你们做这做那呢?

爸爸妈妈的愿望

好好利用时间的话,不仅能好好学习,也有很多时间来玩,挺简单的事情……

每天不说"快点儿做"就不会有行动,我的心情也不会好。希望不用我说他也能把该做的事情做好。

妈妈每天都在说同样的话。希望这样的对话能消失就好了。

有这么多时间的话,作业能写完,书也能读完,算术题也能完成,还能有时间和朋友玩。希望他行动能快一些。

真正有意义的时间

想一想

爸爸妈妈和其他大人真正懂得时间是有限的，所以他们想要你在有限的时间里尽量多学东西。看到你们懒散的样子，他们当然会着急。

但是，什么都不想，只是按照命令来做的话，真的是在好好利用时间吗？如果习惯了按照命令做事，就会变成不听指示就没法行动的人。自己的宝贵时间按照自己的想法来使用，这才是自由时间的真正价值。

那么，你会怎样利用自由时间呢？试着写下你内心真正想做的事情吧！

我最想做什么？

- 我真正想做的事情是什么？
- 认真想的话真的不知道该做什么……
- 嗯……
- 说起来没有考虑过自己的梦想呢。
- 以后想做什么工作呢？
- 去图书馆查一查吧。

- 想玩游戏！
- 想踢足球！
- 想打棒球！
- 还想要画画！
- 现在最想做什么呢？
- 为秋季运动会做准备，没准会变得受欢迎！
- 写生大赛马上就要开始了。
- 明天如果晴天就去踢足球，如果下雨就去画画吧。

怎么样，想到自己想做什么了吗？可能有的孩子写不出几项来。

其实自己真正想做的事情，不花时间来认真思考是想不出来的。

所以还是小孩子的你可能有自己的时间也想不出来要做什么，结果什么都没做时间就溜走了。

这可能就是大人要求孩子做这做那的原因。但是不要担心，刚才所提到的"思考"也是很重要的。现在，思考的时间也是"属于自己的时间"。

希望你能把自己的时间用在能让自己成长的事情上。

思考题

事情排行榜

①想一想，把三件你最想做的事情写下来。

1

2

3

步骤 8 怎样才能拥有"自己的时间"

②我想清楚了……

把三件需要做的事情写下来。

1

2

3

第74~75页的答案

| 写日记 8分钟 | + | 确认时间表 2分钟 | = 10分钟 |

| 练字 14分钟 | + | 打扫浴室 10分钟 | + | 浇花 6分钟 | = 30分钟 |

| 吃饭 20分钟 | + | 做作业 15分钟 | + | 看书 13分钟 | + | 看电视 12分钟 | = 60分钟 |

步骤 9

真的不可以慢悠悠吗

再来思考一下怎样使用自由时间吧。没什么特别的事情需要做的时候,把接下来该做的事情提前做完是有效利用时间的做法。然而,脑子里虽然很清楚应该这样做,但是不到最后一刻就是提不起劲。

但是这一定就不好吗?不论什么时候都不能悠哉悠哉地休息吗?

我不这么认为。相反,在没什么必须做的事情的时候,身心都需要放松,为接下来需要努力的时候做准备。休息也是很重要的。

步骤 9 真的不可以慢悠悠吗

想一想
1

"什么都不做"
也很重要!

在哪里身心能得到放松呢?肯定大多数人会回答"在自己家"。

做学生时在教室里,长大后在职场上,大家都在拼命学习。在外面已经很累了,回到家还要思考做这做那……肯定会累倒。

其实"疲劳"也会导致效率低下。吃饭或睡觉能让身体获得休息,做喜欢的事情或者发呆能够让心情放松。有了这些能够放松的时间,才能在必要的时候拼命努力。

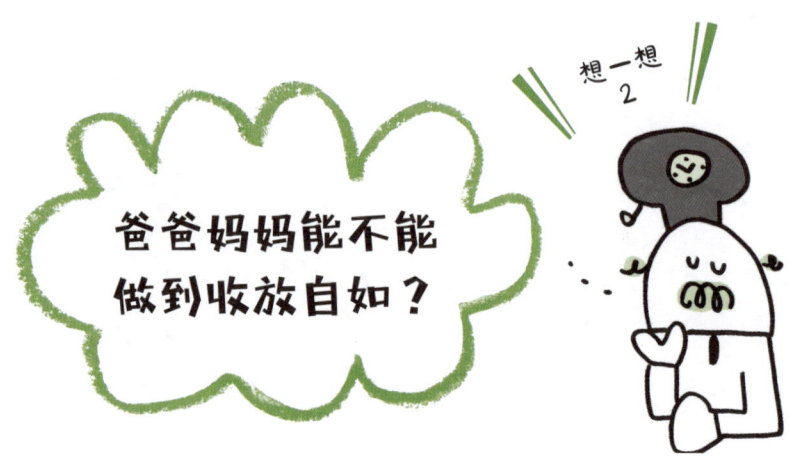

爸爸妈妈能不能做到收放自如?

话虽如此,在家里放松的时候,家里人会说"快点儿做这个"。

虽然我很理解你不耐烦的心情,但是希望你也能考虑爸爸妈妈的心情。

在步骤 5 里提到,做饭、洗衣服、打扫卫生等都需要打起精神去做。在家里人努力做家务的时候你却懒懒散散的,家里人看到了肯定会觉得不耐烦。就像在学校里,你在发表自己认真准备的意见的时候,老师和同学却不用心听,你是不是也会感觉到很生气呢?

> 步骤 9 真的不可以慢悠悠吗

做家务需要打起精神!

一边用吸尘器打扫卫生……

快要儿童节了,要把玩偶摆出来。

明天天晴的话要晒被子。

这个吸尘器需要换滤片了。

还得准备明天的工作。

黄油和番茄酱放少了。

4个鸡蛋全部用上的话,早餐就做炒蛋好了,蔬菜沙拉里要加……

一边做晚餐……

明天下班可能会晚一点儿,今天把配菜做好吧。

珍惜家里人的时间

你会不会心里想"我也会累呀""做家务本来就是妈妈的工作嘛"。

确实,你也很辛苦,但是妈妈做家务是为了全家人。

不要忘了,妈妈是为了全家人而努力,作为家里的一员,能帮忙的时候就多帮忙,这样大家的时间都会充裕一些。

家里人都能心情愉悦的话,家就会变成一个很舒适的地方,家里人也会理解你想要休息的愿望。

和爸爸妈妈交流对彼此的看法,一点儿一点儿慢慢互相理解。

试着去理解家人的心情

垃圾分好类后,扔的时候就省心多了。

有钢琴课的时候,除了作业,不想再做其他习题了。

偶尔想自己一个人去逛街。

星期四有想看的节目!

星期天早晨想睡懒觉!

不回家吃饭的时候,希望能够18:00前告诉我。

 **听听我们的心声！孩子的想法！**

虽然被爸爸妈妈训斥，但是你也有自己的想法吧？写下你自己的想法，然后大声说出来！

步骤 **10**

看上去没用却很有意义的时间

让人烦恼的是没用的时间吧?

浪费时间会怎样呢?步骤9也讲过,有时候过得慢悠悠的也很重要。这样思考一下的话,没有所谓的没用的时间吧?

我认为,区分有用的时间和没用的时间要看过后会不会有后悔的想法。

"啊啊,那个时候那样做就好啦。"大家应该都有这样想过。最初的"后悔"是每个人都会经历的。

但是如果总是重复这样的"后悔",总是做同样的事情,就是浪费时间了。

事后才明白的道理

但是,有时候,时间的价值并不是能立刻体现出来的。有时候觉得"浪费了好多时间",但是过了一段时间会发现,"那个时候花了很多时间,有了充足的准备才有今天的成功"。这样,那些时间就不算是没用的时间了。

正在读这本书的你现在几岁呢?升入小学高年级后会有自己以前没想到的烦恼吧?

这个时候"和自己对话的时间"无论多长都不是没用的时间。在别人看来,你好像什么都没做,但是事实并非如此。

总之,在经历过挫折之后,保留"和自己对话的时间",一定能帮助你成长。

步骤 **10** 看上去没用却很有意义的时间

亲友

我小的时候也有过很多这样的经历，虽然很不好意思，在这里我还是想分享一下。

小学六年级的时候，我喜欢一个女孩子。但是那个女孩子喜欢的人是我的好朋友。虽然表面上我和他们关系很好，但实际上我很难过。

我心里一边怨恨这个好朋友，不停烦恼，一边又因为自己不被接受而难过。对当时的我来说，这是个永远解不开的难题。

但是那个时候，我认真思考了。"喜欢上别人究竟是怎么回事？""朋友究竟是什么？""究竟什么是活着？"

日常生活中，很多时候会觉得"咦，这有点儿奇怪啊"。这个时候不是就此打住，而是要认真想一想为什么会觉得奇怪。那些认真思考的时间对于现在的我来说都是很宝贵的时间。自己会感到疑惑是因为遇到了自己以前没经历过的有趣的事情。我会养成自己认真思考的习惯，可能是因为那次失恋的经历。

每个人都会有不同的烦恼。家人或朋友可能会对你说："这种事情需要想那么多吗？"但是，对自己来说，这是有思考的价值的。如果能这样想，那么那些时间对你来说就不是没用的时间。

步骤 **10** 看上去没用却很有意义的时间

> 烦恼是成长的标志

我想做什么?

究竟什么是"喜欢"?

我擅长什么?

我为什么会这么想呢?

我和朋友有哪些不同呢?

怎样才能没有战争呢?

其他国家的人是怎样生活的呢?

我想变成什么样的大人呢?

30年后的我会变成什么样呢?

105

# 自由思考，写下想法

如果生活中有什么让你困惑的事情，请在读完这本书之后写下来！

步骤 **10** 看上去没用却很有意义的时间

想一想

你也可以用画画来表达。
几年后回过头来看你今天的想法,你会有什么感触呢?

结语

后记

感谢你读完这本书。如果这些好好利用时间的技巧能对你有所帮助,那我会很开心。

其实我自己在成为大人之前并不擅长利用时间。我曾经以为,先玩个痛快,然后靠着剩余体力的支撑,通宵去做该做的事情,这样才显得很厉害。实际上那是因为我内心深处觉得时间多的是,才有了这种没有根据的自信。

但是随着年龄的增长,我开始觉得当时能做的事情其实还有很多,于是感到后悔。

现在,我有了家庭,有了孩子。为了见到亲爱的女儿,我现在工作时更是加倍专注。

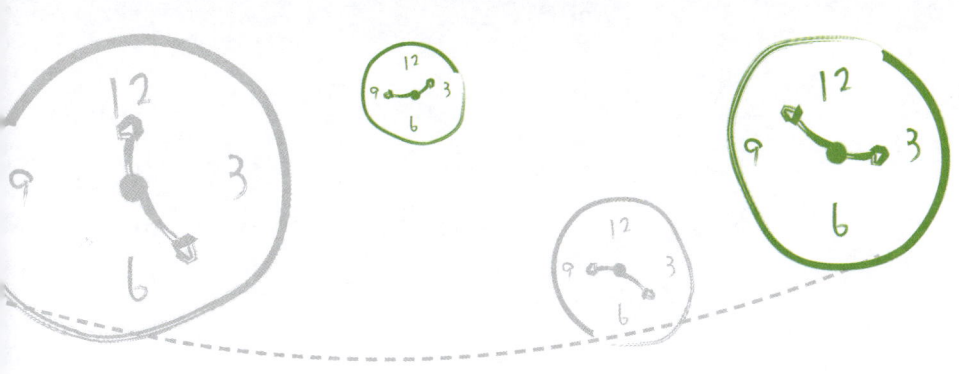

　现在对我来说，最好的时间就是和家里人一起度过的时间。你们的家人应该也是这样想的，真正重要的时间其实是和家人一起度过的时间。因为有了家人才那么努力地工作，所以你会对你的时间严格要求。

　最后，这本书的目的是希望你能和家人相互理解。所以我希望你能好好理解大人的想法，我也希望大人能够回想起自己是孩子时的心情，理解自己的孩子。如果彼此能够多一些包容，那么共同度过的时间对你们彼此来说都会很美好。

给家长的话

花丸学习会 相泽树

 # 写给总是被训斥的你

我作为辅导班的讲师，平时能够听到家长们各种各样的烦恼。作为辅导性质的补习班，大部分烦恼是关于孩子的前途、成绩和学习方法。但是也有很多是关于孩子平时的生活习惯的。其中绝大部分就是本书的主题"时间的使用方法"。

"他老是懒懒散散的。"

"总是拖拖拉拉的。"

"不说就不做，说了也不做。"

……这样的例子数不胜数，因为这样的事情引起纠纷的家庭也不胜枚举。

我认为这个问题的关键在于家长和孩子彼此不够理解。

家长过分要求孩子珍惜时间，孩子过分不懂得时间的宝贵。

家长期待孩子珍惜时间的方法和孩子利用时间的方法之间出现差异。

这样的差异是构成孩子和家长之间问题的根源。

我们家长希望孩子尽可能有意义地利用时间，因为我们深刻地体

会到时间是多么宝贵。但是这样的体会不是谁揪着耳朵提醒就能明白的，而是要有过亲身体会。

举个例子，初中、高中、大学升学考试，以及无数的选拔考试，都是要在有限的时间内达成目标的体验。

另外，和重要的人分别，也能让我们体会到时间的有限。例如小学6年级毕业前的冬天，知道不能和关系好的人一起进入同一所中学，所以要珍惜剩下的每一天。这样酸楚的回忆应该沉睡在你内心深处吧。

这两个例子都是能体会到"时间的宝贵"的例子。共同之处在于都有"期限"。即使当时没有达到好的结果，这样的经验却会成为下次行动的指南，最终会养成珍惜时间的好习惯。

但是有意思的是，第一个例子是我们大人能够帮助孩子的，第二个例子却不行。即使心里明白也很难做到。

"我知道，分别是很令人难过的事情。"

"分开前想待在一起的心情我很理解，那也很重要。但是在那之前得把要做的事情做好。"

作为家长，大家是不是很容易这样说？

但是当家长还是孩子的时候会珍惜分别前的时间，觉得没有比这更重要的事情了。

现在的孩子也在以这样正常的方式成长着。

我希望这本书能够填平家长与孩子之间关于时间的认识鸿沟。希望家长能够理解孩子内心的想法，把"珍惜时间"的范围扩大一些。这也是这部分附录的目的。当孩子们读这本书的时候，希望你也能读一读附录。

步骤 2 为什么不能迟到

本章以约定时间见面为例,激发孩子思考"自己的时间"和"他人的时间"。

"通过对时间的概念的理解,客观了解自己和他人。"在平时的学习中,这点很少被提到。但是信用的积累建立在"遵守时间"这一点上,我希望孩子们能在小学阶段就意识到。

不遵守时间 = 不能信任,或者以前积累的信用会在一瞬间崩塌——迟到就是这么严重的问题。作为家长,应该把这个道理告诉孩子。

到了小学高年级,有了一定的知识积累的时候,孩子们会开始学会用借口让对自己的伤害降到最低。

比如作业没在规定时间提交,很多孩子会说"作业写完了,但是

忘在家里了，对不起"。

作业肯定是没写。但这是让他们认识到"需要做的事情应该做好"的道理的时机。这个时候我会这样回答：

"作业没带来就是没有遵守约定。没有带来就和没有写一样。你长大后进公司，跟人家讲我工作做好了但是忘了带来，人家就再也不会给你工作了。也就是说，你会因此失去工作。

"你能来补习班，是因为你的爸爸妈妈每天都坚守和别人的承诺。每天按时交作业，是对长大成人后能够遵守约定的重要训练。你要记住这一点。"

即使孩子会深刻反思再也不犯，但是孩子毕竟是孩子，过了一段时间还是会重复之前的错误。

健康成长的孩子，随着年龄的增长，会越来越不听家长的话。与其到了高年级还苦口婆心说教，不如现在就让他们积累自己判断和承担责任的经验。

无论是学校的老师、补习班的老师，还是学习指导，都是在爱和严厉的双重包装下的"外人"，这些人说的话孩子们能听得进去。

另外，本章还列举了活着的时间的估算。这是为了让他们意识到自己的时间和他人时间的不同。

比如三天后有重要考试的 A 和一个月后有同样重要的考试的 B 都在你身边。A 为了怎样有效利用时间应对马上就要到来的考试而头疼，你却喋喋不休地和他探讨人生烦恼。A 会怎么想？再者，A 考完试后有时间了，而 B 开始为准备考试而焦头烂额时，你却找 B 东拉西扯浪费许多时间，B又是什么心情呢？不管是前者还是后者，都不会开心吧。

也就是说，时间的宝贵性对处于不同情况的人来说是不一样的。

每个人都要度过宝贵的人生。希望孩子们能像对待自己的时间一样对待别人的时间。

# "好的专注"与"坏的专注"

接下来我要和各位家长谈一谈学习方面的事情。

常年的补习班经验让我得以观察孩子成长的样子。我注意到，有些孩子在低年级时成绩不起眼，到了高年级时成绩持续提升。相反，有些孩子低年级时总是考满分，到了高年级成绩却下滑。理由有很多，但是后期进步的孩子都有一个共同点，就是"高效的注意力"。

我认为注意力分为静（刺激少）、动（刺激多）、受（被迫接受）、主（主动接受）。

后期成绩提升的孩子，注意力都是"静""主"的。也就是说，对于刺激小的事物主动集中注意力。这样的话，对于纸质的教科书和老师在课堂上讲话之类刺激性小的事物，也能集中注意力，投入其中。

另一方面，如果孩子偏向"动""受"，对于刺激性小的事物就很难保持注意力。"能不能把看电视、玩游戏的时候的注意力用到学习上？"

每当听到这样的抱怨，我只能说，很遗憾，不行，注意力的性质不一样。

好的注意力是什么时候培养出来的呢？是在沉迷于好的游戏时形成的。本章介绍了一些例子，比如做手工、观察动物植物、下围棋、下象棋、玩迷宫等，这些都是训练集中注意力的好方法。另外，还要增加户外活动。这样，孩子能够自己注意观察环境的变化，自己思考怎样去玩。这些都能够培养出好的注意力。

我并不是想讨论哪些游戏能够培养出好的注意力。重要的是我想让大家知道，沉迷于刺激性小的游戏不是在浪费时间。

孩子的好奇心比大人更强。好奇心是动力，会让孩子觉得"好神奇""为什么呢"，因此会想要继续观察感兴趣的事物。这样的孩子会忽视周围的干扰，注意力自然就提高了。但是过不了多久，他们会觉得不满足，继而寻找下一个好奇的对象。

这个"好奇心→观察→痴迷→厌烦"的过程，是孩子形成好的注意力的循环。希望家长不要干扰。

# "学会正确利用时间"的好处

在开始的时候,我讲过家长最烦恼的就是孩子的时间使用方法。其中最常见问题就是孩子的拖延。

"这样快乐的时光结束后就不得不做作业了。"如果这样想着,玩耍的时候肯定不会开心。

明明是自由的时间,想到之后要做的事情,这个时间就不能算自由了。这个道理好多人都明白。

但是当家里人说"快点儿做""先做完这个,以后就轻松了"的时候,孩子就想反抗。这个问题的难点在于只靠别人的语言是没办法改变的。只有本人觉得"原来如此,确实先做完会更轻松",问题才会解决。

本章以"学会正确利用时间的好处(把该做的事情先做完)"为突破口,以提问的形式激发孩子思考。

我并不是要教给孩子凡事都要算计。

为了学会好好利用时间,知道利用时间的好处是激发之后行动的关键。能够把该做的事情做完的孩子,不会感受到自由时间的紧迫感,而是能真正享受自由时间的乐趣。

但是"明白但不去做"的孩子也有自己的理由,"把该做的事情

做完还是会不断被布置新的作业"。

孩子讲得有道理。我们家长是不是经常这样，虽然出发点是好的。除了做学校的作业，孩子还要上辅导班、兴趣班。为了将来考虑，现在就让孩子把能学的都学了，无意中是不是让孩子承受了太多东西？有时我们需要客观思考一下。详情请阅读步骤 9 的内容。

给孩子自由的时间能够让孩子和家长形成信赖关系。不说也能把事情做好的孩子肩负着"不说也相信我能做好"的责任感。

步骤 5　向身边的大人学习吧

孩子和大人不同的地方在于需要做的事情的量。量增加了自然而然就会开始考虑利用时间的方法了。

开始进入社会工作后，需要做的事情中有很多都有期限，而且需要承担责任，所以我们要正确利用时间。孩子出生后，父母需要做的事情也会随之增加。

谁也不是一开始就擅长利用时间的，这是随着成长不得不学会的事情。

本章也讲到了相关事例。我们大人每天要做的事情是以秒为单位计算的，做一件事情的时候，就要开始计划下一件事情了。一切都好像理所当然那样。

平时晚上一边做饭一边检查明天的食材，考虑早饭和便当的菜谱，想着第二天要买什么；睡觉前要淘米，把米放进电饭锅，打开电源，明天醒来时要把米饭做好。

早晨起来要打开洗衣机，准备早饭，扔垃圾；吃完早饭没有休息就要晾衣服，一边洗碗一边督促孩子快点儿准备，然后准备自己的东西；上班路上不是考虑工作的事，就是考虑家里的柴米油盐。

孩子随着年龄的增长要做的事情也会变多。上了中学后，课后的活动增加，回家时间也会变晚。加上课后辅导班和兴趣班，自己的自由时间会越来越少。

随着孩子的长大，自然而然会考虑时间和生活的平衡性。随着大学升学考试的到来，自然就会开始推算什么时候开始做什么事情。

但是，提前知道管理时间的方法还是有必要的。

学会"推算之后的时间"后，自然就会行动起来。本章中介绍的"准备明天上学要用的东西"就是为了养成好习惯而做的练习。低年级的时候培养出分时间段做事情的习惯，到了高年级再细分，养成预测遗漏点的习惯。

 # 怎样在短时间内完成麻烦的"事前准备"

步骤 6 是深挖步骤 5 "为什么要提前做好准备"而写的。

"忘了东西会被教训",小时候我们都会这么想吧。

但是为什么会被教训呢?很多孩子觉得"是因为我没准备好必要的东西"。当然,这也是对的,"因为没做好准备导致的不良后果,是在浪费你的时间"。家长需要让孩子意识到这一点。

但还有更重要的一点,即因此而导致的对他人的不良影响。正如本章所写的,不丢三落四就不会浪费大家的时间,大家都不会有麻烦。我希望孩子能考虑到这些本质的东西。

理解了他人的时间这个层次,自然而然就会从内心产生做好该做的事情的决心。做事情的优先顺序也会渐渐产生变化。

另外,本章还指出整理和有效利用时间的密切关系。调查显示,人们平均每天要花 10 分钟来找东西。

怎么样?我自己可能花的时间更多。一天中花在找东西上的时间(包括一下子就找到的东西)居然很长。其中有具体的物品,也包括搜集信息、寻找电脑里的文件和邮件。

不论多么擅长整理信息,"把找东西的时间减少为零"几乎是不可能的。但是擅长利用时间的人都会为了把寻找时间化为零而不断努力。

把平均 10 分钟缩短为 5 分钟，有意义吗？花上 20 分钟也是没办法的吧？但是以 10 年为单位来看，其中的差距就很大了。为了不产生这样的差距，唯一的解决办法就是做好整理。

话虽如此，家长头疼的还是整理的问题。这方面可以参考本系列的《整理力》，这本书讲的是整理和有效利用时间的关系。

# 写给不知不觉做其他事情的你

不能按计划行事的一个重要原因就是被诱惑所吸引。不只是孩子，在我们成人的世界里，这同样也是一个甜蜜的陷阱。"到 8 点我就正式开始。"但是到了 8 点了还会有别的诱惑。

另外，有时候我们还会故意寻找诱惑。什么也不想做，我先看看手机吧。然后不知不觉就开始搜索一些信息……很多人都有这样的经历。手机虽然很方便，但是会不断消耗你的时间。

本章也讲到，不论做多少事前准备，都不会对该做的事情产生影响。这样只是身体为了不想开始行动而找的借口。即使不想做也要先行动起来，这样效率才更高。另外，打心眼里不想做的事情，过一段时间就有动力做了吗？绝对不会。所以要养成先行动的习惯，这很重要。

另外，在经验中需要做的事情却意外地不用花很多时间，就会产生"把该做的事情赶紧做完"的想法。

虽然有人赞成，有人反对，但我觉得能利用学校的课间时间把作业写完的孩子很了不起。当然，为了巩固学到的知识，有意隔一段时间（回到家后）再做是有意义的。

但是孩子自发地想要有效利用时间，家长却去阻止，这样是不对的。

话说回来，要让孩子不败给诱惑，把该做的事情先做完，该怎

办才好呢？

要把"实际上做好该做的事情不需要花费很多时间"这种感受变成言语传达给孩子。

另外，我还希望家长做到一件事，就是要孩子每天按照规定的时间起床。如果每天想着再多睡一会儿，就会输给诱惑。从一大早开始就输给诱惑的话，一整天都会找借口拖延别的事情。

重要的是，休息日也不要改变起床时间。这样坚持下去会锻炼出强大的自制力，以后进入社会也会因此受益。每天到了起床的时间就立刻起床的习惯会成为合理利用时间的第一步。

 ## 怎样才能拥有"自己的时间"

本书的主题是解释"大人和孩子之间的鸿沟",这是需要互相理解的部分。也就是说,孩子们是有自己的理由的。

"做完该做的事情,作业还是接连不断,那还不如先做自己想做的事情。"

我并不希望让孩子产生这样的想法。

但是家长看到孩子懒懒散散的样子会忍不住想,"既然这么散漫,不如给他布置点作业,这样也是为他好"。

这是家长的一片苦心。但是家长太容易注重当下的时间,觉得"有意义的时间=学习的时间"。说得更严重一点儿,就像孩子说的那样,大人觉得有意义的时间只是"对大人来说充实的时间"。

我们家长应该拓宽思路,孩子做完该做的事情后,应该有"思考怎样利用时间"的时间。

花丸学习会的该系列丛书以"培养有能力的大人"为主题。以后的社会需要的不是拥有解决问题能力的人才,而是能够自觉发现问题的人才。

如果每天都交给孩子一大堆问题,是没办法培养他发现问题的能力的。说得极端一些，每天都"好闲，好闲，好闲……快要闲死了"的时候，才会发自内心想要思考，然后落实到行动上。毋庸置疑，这样的经验对未来是很重要的。

本章也提到，现在有很多孩子不知道自己想做什么，感到空虚无力。用开车来打比方的话，就好比"没有自己启动过发动机"一样。司机的位置每次都被取代，被指挥着从来不会出错。这样孩子当然提不起兴趣，也没有必要提起兴趣。

家长应该让出驾驶座。当然，一下子让孩子一个人驾驶是很危险的。这个按钮是什么？应该踩哪里？他们是不知道的。首先，应该给孩子提供各种信息，让他好好理解，告诉他慢慢行驶，孩子们才能顺利驾驶。

在孩子踩下油门的那段时间，是孩子思考"自己真正想做的事情"的时间。希望家长能够理解，这样的时间也很重要。

 ## 真的不可以慢悠悠吗？

家是我们养精蓄锐的地方，这是每个家人所期待的。如果在家里也要保持紧张感，那么就会产生疲劳。疲劳的积累会导致注意力下降、效率降低，结果花费更多不必要的时间。

在日新月异的现代社会，我们随时保持对新信息的敏感度，随时都在处理新信息，区分有用和无用的信息。大家在工作或者做家务的时候，完全不能松懈。

虽然不能说和大人完全一样，面对外面的世界，孩子也同样保持着紧张感。

但是，每个人都能在家里随心所欲地休息吗？实际上并不是这样。准备做饭、洗衣服、大扫除、扔垃圾、买东西……为了家人不得不做的事情有很多。

比如，妈妈正在忙着打扫卫生的时候，看到懒洋洋地躺在沙发上看电视的孩子，确实会想教训一句。家长会不会希望孩子能够体谅自己不得不做家务的心情呢？

本章列举了发言的时候的例子。自己认真发言的时候，老师和同学们都看上去很不感兴趣，自己会怎么想呢？肯定心情会不好吧？同样，在家里也是如此。我希望通过这个例子，能让孩子体会到家长的心情。

如果能深刻认识到这一点,就能得出一个理所当然的结论,也就是别人的时间和自己的时间是相对的。有些事情如果自己不做的话,别人就要花费时间去做。在这个世界上生存,这一点是无法避免的。

只要和家人一起生活,即使是孩子,对于家中的所有事情都应该保持当事者的心态。即便妈妈是专职主妇,家里所有的家务只让妈妈一个人做也是不公平的。

如果每个人承担10%至20%的话,妈妈承担的部分就能减轻到50%至70%。

家庭中每个成员如果或多或少都能拥有自己放松的时间,对孩子放松的时间也会宽容一些吧?

步骤 10　看上去没用却很有意义的时间

本书最后一章写了"没用的时间"。

事后想起来后悔的时间，就不算有用的时间。本章想要传达给家长的信息就是，后悔的经历越早体验越好。

怎么说孩子也不写作业，到了最后时刻不得不借助家长的力量急急忙忙赶完，提交上去。虽然慌慌张张补完，"提交"了作业就不会被老师批评。但是，如果不停重复，对孩子来说是没有好处的。

没有体会到浪费时间的苦头，就不能从挫折中学习。所以，让孩子做不完作业去上学，严厉教育他，才能让他体会到"有时间的时候做完就好了"这样后悔的感觉。

当孩子说"我做了但是忘记带来了"的时候，我能根据他说话的方式判断他是不是在说谎。

即使是实话，责备自己没做好的后悔心情也很重要。说谎时心虚的感觉，也会成为日后成长中行为的指南。

特别是进入青春期的高年级学生，思考的层次加深，稍微感受到心灵的负担就会不停深入思考，陷入哲学的深思。什么时候感受到美？爱是什么？幸福是什么？自己的父母在自己这个年龄段的时候是什么样的人？几年前还什么都不知道，到了青春期，稍微有些不顺利就会被放大。这就是进入了认真思考的时期。

这个时期是孩童后期还未成长为大人时上天的"馈赠"。在这些哲学问题上花费时间思考，并且找到自己的答案的孩子会形成自己的思考习惯。

成为大人后，是让时间无意识地流过，还是制订好自己"寻找生存意义的方针"，停下脚步思考？这样的差异或许会构成"是否能有意义地度过自己的一生"的差异。